Jürgen Stahnke

# ...und doch lebe ich!

## Gedichte und Gedanken über das Leben und die Liebe

Die Gedichte und Texte sind zwischen 1988 und
1990 entstanden, in der Rechtschreibung der
damaligen Zeit.

Berlin 2019

© Jürgen Stahnke

Kleiner.poet@t-online.de

Herstellung und Verlag: BoD- Books on Demand, Norderstedt

ISBN: 978-3-7494-8478-2

# Abschied

Als ich fortging von Dir und sah Dich dort stehen
Auf der Straße, Dein Anblick, ein einziges flehen

Meine Brust schien zu bersten, mein Verstand setzte aus
Ich wollte schreien, doch kein Ton kam heraus

Meine Augen fast blind vor Kummer und Leid
Meine Seele vor Schmerz zum Sterben bereit

Wie sehr liebe ich Dich, wie soll ich es sagen
Ich werde oft leiden müssen ohne zu fragen

Du fehlst mir so sehr, Du wirst es selbst spüren
Und deshalb muß ich stark sein, muß Dich etwas führen

Werde für Dich lange Zeit ein Vorbild sein
Bis Du selbst groß genug und für ewig bist mein

Wir werden viel weinen, jammern und klagen
Aber unsere Liebe wird fest sein, wir müssen es ertragen

Doch nun Deine Stimme, Dein leises Lachen
Du versuchst ganz langsam mir Hoffnung zu machen

Ich beginne zu glauben, an schöne Tage die vor uns liegen
Und wünsche mir sehr, Dich für immer zu kriegen

Möchte mich Dir zu Füßen werfen, ich bete Dich an
Aber nur aus Liebe und Leidenschaft und weil ich möchte sein Dein Mann

Und doch sollst Du Respekt und Achtung mir zollen
So wie auch ich Dich verehre ohne Murren, aber mit großem Wollen!

## Ängste und Fragen

Liebe Seele, warum ist mir so weh, warum muß ich weinen
Muß ich jetzt für alles büßen, was ich anderen an Leid und Schmerz zugefügt habe
Gilt keine Entschuldigung, kein Bedauern, wer hat Schuld
Bin ich das Böse, oder bin ich das Schaf
Dumm, einfältig, immer vorne stehend, immer geltungsbedürftig
Süchtig nach Liebe, Lust, Wärme, Reichtum

Bin ich so

Oder bin ich das Kind, verstört, verängstigt, missbraucht, ungeliebt
Auf der Suche nach Geborgenheit
Voller Schmerz im Herzen, verlassen zu werden

Bin ich so

Oder bin ich der Mann, ist es die Angst nicht mehr geliebt zu werden
Nicht mehr gebraucht zu werden, arbeitslos zu sein, niemand mehr zu sein
Liebe Seele, sag es mir, warum muß ich weinen?

## Allein

Der Tag drängt den Nebel zurück
Ich werde wach, schon wieder Tränen im Blick

Es folgen Stunden voller Einsamkeit
Niemand da, der mir schenkt ein wenig Zärtlichkeit

Ich such meinen Baum, schau aus dem Fenster
Doch auch er ähnelt schon mehr einem der Gespenster

Der Baum stirbt, die Blätter fallen, wie von harter Hand erbebt
Meine Blumen tragen Schleier, die Spinne hat sehr gut gewebt

Keine Vögel mehr sind noch zu seh'n, der Sturm hat sie hinfort geweht
Und selbst die Sonne will mich meiden, sie hat sich von mir weg gedreht

Ganz plötzlich beginnt die Furcht vor der Leere
Die Hände nach mir auszustrecken, obwohl ich mich dagegen wehre

Dann kommt sie wieder, die Dunkelheit
Und Panik macht im Kopf sich breit

Ich sehe Gestalten, die mich fast erdrücken
Möchte fliehen vor ihnen, will weit fort entrücken

Aber etwas ist stärker, läßt mich verweilen
Jeder hat hier Zeit, niemand muß sich beeilen

Die Nächte sind lang, die Menschen frieren
Die Gesichter so grau und voller Schlieren

Ich habe Angst und beginne zu weinen
Du da oben, sag mir, gibt es keinen Freund für mich, nicht einen?

## Arbeitslos

Wieder bin ich voller Unruhe aufgewacht
Hab an meinen alten Betrieb, an mein früheres Leben gedacht
Verzweiflung macht den Kopf mir schwer
Was hilft mir weiter, ich bin doch wer
Mein Tag wird so lang sein, die Stunden endlos
Die Angst vor dem Nichtstun, was mach ich bloß
Die Last, die Bürde, alle Knochen tun weh
Und trotzdem würde ich gerne zur Arbeit geh`n
Eine Aufgabe, wieder mal wichtig sein
Es wäre zu schön, ist aber leider nur Schein.
Ich bin zu alt, zu krank für die Bosse
Sie wollen junge, feurige Rosse
Was interessiert sie schon mein trauriges Leben
Niemand will mir eine Chance mehr geben
Die vorgezogene Rente zu erreichen, ist nun mein letztes Ziel
Aber verlange ich damit nicht zuviel
Denn Geld zu erhalten vom Vater Staat ist sehr selten
Vom kranken Rentner trennen mich Welten
Ich seh´ doch sehr fit für mein Alter noch aus
Hängt auch der Bauch schon aus der Hose heraus
Gerade den Rücken, die Zähne geputzt
Frisch rasiert und auch die Haare gestutzt
So, kann ich einige Jahre nach Arbeit suchen
Dies entscheidet die Behörde und läßt mich ruhig fluchen
In unserem Land gibt´s keine Not
Und geht´s Dir mal schlecht, dann friß trocken Brot
Den Aufschwung kann man sehr bald seh´n
Und sei´s auf dem Friedhof, wenn wir hinter Deinem teuren Sarg hergeh'n !

## Bewerbung

Wie sehr hält Deine Liebe mich fest
Obwohl Du mich voll Zweifel läßt
Waren die Tage auch wunderschön
Läßt Angst um Dich, mich fast vergeh'n
Als ich ging von Dir, mein Lieb
Ein Stück Leben von mir blieb
Deine liebreizende Gestalt auf dem Pfad
Stürzte mich wie so oft, in der Gefühle Wechselbad
Wie gern wär' ich auch geblieben
Um Dich zu schützen und zu lieben
Deinen Ehrentag mit Dir zu verbringen
Vielleicht ein Liedchen gar zu singen
Was mußt Du ertragen, mit so vielen Hieben
Um mir treu zu sein, Dich nicht zu verbiegen
Oder sollte es den Bösen doch gelingen
Dich von mir zu zerren, um Dein Leben ohne mich zu verbringen
Warum versteht denn niemand unsere Pein
Wir wollen doch nur frei und glücklich sein
Ohne Angst und ohne verstecken
Möchten wir unsere Zukunft entdecken
Wollen mit Freude eine Familie gründen
Mit vielen Kindern den Sinn des Lebens finden
O Liebchen meine größte Wonne
Bist Du bei mir, so scheint die Sonne
Du bist in Deiner Pracht so herrlich anzusehen
Mein Verstand will nichts anderes mehr verstehen
Ich will nur Dich, Du schöne Maid
Und wärst Du frei, so gäbe ich schon längst bescheid
Um Dich zu werben, Dich zu haben
Würde ich leiden und auch darben
Was würde ich für Dich nicht alles geben
Du mein Glück, mein ganzes Leben
Ich will Dich haben und sei es für mein Herzeblut
Denn Deine Liebe ist für mich das höchste Gut
Und später, wenn wir alt und grau
Unsere Kinder groß und stark und furchtbar schlau
Werden wir uns noch immer herzen
Obwohl uns schon die Glieder schmerzen
Wir zeigen es dem ganzen Land
Unsere Liebe hat Bestand!

## Bittere Liebe

Hab ich geträumt, war alles nur Spiel
Was folgt als nächstes, was ist Dein Ziel
Willst Du zerstören all meine Träume
Ist es Liebe von Dir, oder waren es nur Schäume
Spürst Du das Kribbeln in den Lenden
Das Streicheln auf der Haut, wie von vielen Händen
Zärtlichkeit, wie schön ist die Liebe
Ich wünschte, daß sie auf ewig so bliebe
Die Vögel singen, es schwirrt in meinem Kopf
Die Sehnsucht nach Dir macht mich voll wie ein Kropf
Weißt Du wie weh die Leidenschaft tut
Wenn es in Dir kocht und wallt, das heiße Blut
Die Nächte so kalt und furchtbar lang
Das Warten auf die Liebste macht schrecklich bang
In meinem Kopf sich Bilder zeigen
Die schönen Tage, ich will sie meiden
Ich weiche, ich flüchte vor der Meute
Mein Ich lebt im Gestern, hat Angst vor dem Heute
Wieder Zweifel an meiner Ehre
Mein Innern ist hohl, so voller Leere
Ich suche Wärme, kämpfe und wühle
Panik bestimmt nur noch meine Gefühle
Fassungslos höre ich die Worte von Dir
Es ist aus, vorbei, Du kommst nicht zu mir
Meine Gedanken, mein Bitten, was soll ich Dir sagen
Abgrund verschlinge mich, stell keine Fragen
Bist so weit von meinem Herzen und doch ganz tief in mir drin
Hast Du vergessen wie gut ich Dir bin
Wer kann mir helfen, was soll ich nur machen
Kein Glücksgefühl, kein freudiges Lachen
Ich sehne mich so nach Deiner lieben Gestalt
Will treu sein, für Dich sorgen, bis wir beide sind alt
Unsern Kindern möchte ich später erzählen
Wie schwer Du Dich tatest, um mich zu erwählen
Ganz langsam kommt wieder Hoffnung in mir hoch
Und ich wünsche mir sehnlichst, vielleicht kommst Du doch!

# Das Ende

Wieder mal Trauer, ewiges Leid
Wirst Du denn niemals so richtig gescheit

Gefühle in Dir voll Haß nach Dir beißen
Schmerz will Deine Seele zerreißen

Ach Menschlein, warum ist Dein Verstand nur so klein
Der Teufel in Dir, der ist so gemein

Wie lange willst Du Dich quälen mit Fragen
Niemand wird und kann eine Antwort Dir sagen

Dein Leben geht irgendwann ganz hurtig zu Ende
Keiner wird da sein und hält Deine Hände

Beginn zu begreifen, der Körper bringt Lust
Und ist es vorbei, kommt der endlose Frust

Suche nach Zielen, die Freude Dir bringen
Nur so kannst Du Erfüllung gewinnen

Die Welt hat so vieles Du mußt es nur sehen
Und wenn es nötig ist, dann mußt Du gehen

Weit fort, in ferne Länder vielleicht
Nicht jedem seine Heimat zum Segen gereicht

Doch denke daran, der Schmerz wird vergehen
Viel neues wirst Du bei Tageslicht sehen

Wie schön die Welt, frohlockend die Natur
Denn Kummer bereitet der Mensch alleine nur

Auch Du wirst begreifen und hoffentlich nicht zu spät
Reichlich ernten wird nur, wer frühzeitig sät!

Das Herz brennt

Nie war der Himmel mir so nah'
Wie damals, als ich sie plötzlich vor mir sah

Eine Frau in den schönsten Jahren
Groß und stark, mit dunklen Haaren

Ihr Anblick machte mich stolz und glücklich zugleich
Fühlte mich beschenkt und unglaublich reich

Bis dahin wurde ich getreten und geschunden
Nun wußte ich, endlich hab ich sie gefunden

Meine große Liebe, mit schönen Augen, mit sinnlichem Mund
Will sie behalten, selbst wenn ich leiden müßte wie ein Hund

Sie ist mein großes Glück und ich geb sie niemals her
Nicht für alles Geld der Welt, oder noch viel mehr

Kein Licht kann meine Seele mehr erleuchten, mich mehr betören
Wenn sie mich anlächelt ist es, als würde die Sonne mir gehören

Nur sie schafft es, mir das Gefühl zu geben
Als wäre ich der einzige Mann auf Erden
Und alles werde ich tun, um so für sie zu werden!

# Der Gockel

Der Komparse ist ein eitler Tor
Er zeigt täglich seine Wichtigkeit vor

Steht vor dem Spiegel, mimt einen Helden
Möchte bekannt sein, will etwas gelten

Ist unzufrieden mit seinem Leben
Möchte glänzen, seinem Ego etwas geben.

Und so hat er den Zwang, ganz weit vorne zusteh´n
Denn nur dort kann man ihn finden, der Regisseur ihn seh´n

Er schubst und drängelt
Und es ist ihm egal, auch wenn er andere dabei gängelt

Er will nach oben mit aller Macht
Und sonnt sich oft in seiner Pracht

Sieht nicht das verächtliche Grienen der Filmleute
Möchte und braucht das Gaffen der Meute

Will bewundert und verhätschelt werden
Er schämt sich nicht bei seinem Werben

Posaunt überall seine kleine Rolle herum
Ist mächtig stolz, findet sich überhaupt nicht dumm

Und wird ein Star ihm ein Lächeln mal schenken
So kann ihn keine Schikane mehr kränken

Er geht gestärkt an Leib und Seele nach Hause
Und freut sich auf den nächsten Dreh, am besten lange und ohne Pause !

# Der Hypochonder

Er geht zum Doktor und jammert und klagt
Und bittet den schlauen Mann um Rat
Es zwickt mal hier und kneift mal da
Es tropft zwischen den Beinen, vielleicht die Prostata
Der Rücken zwingt ihn zum krummen geh'n
So unschön ist es, keine Frau will ihn seh'n
Am Tage ist er ständig in die Vergangenheit entrückt
Und viele halten ihn für verrückt
Die Finger tun schon weh beim schreiben
Das Rangeln mit dem Weib läßt er bleiben
Auch Migräne wird zur großen Plage
Er sehnt sich nach Hilfe, liegt auf der Trage
Die Hüfte meldet sich sogar im liegen
Unmöglich, damit eine Frau rum zu kriegen
Der Schnupfen erscheint bei starkem Winde
Mitleid mit sich selbst, ähnlich einem Kinde
Das Essen wird beim Kauen zur Qual
Bescheidenheit zwingt ihn zum Wählen beim Mahl
Das Sitzen und Laufen wird zum Masochismus
Es ist eine Krankheit über die man nicht reden muß
Das Auge tropft und läuft wie ein Rinnsal
Über die Wange, ist fast schon ein Tränenmal
Das Herz meldet sich oft drohend zu Worte
Urlaube nur noch wo Ärzte im Orte
Auch der Geist wird merklich schwächer
Schon verwechselt er den Zahn- mit dem Weinbecher
Und geht er erschöpft am Abend zur Ruh'
Schlägt unbarmherzig der Tinnitus zu
Oft wünscht er sich eine Klinik zu besitzen
Aber würde es wirklich etwas nützen
Dann kämen die Sorgen, alles kostet viel Geld
Da wär es doch besser, er ging für immer aus dieser Welt !

## Der Junge, der nicht lachen wollte.

Es war einmal ein armer, kleiner Junge, der arbeitete bei reichen Leuten in der großen Stadt. Er weinte immer ganz fürchterlich und war sehr traurig.

Das sah der liebe Gott im Himmel und so schickte er einen Engel auf die Erde um den Jungen zu trösten. Der war inzwischen von den reichen Herrschaften in Urlaub geschickt worden damit er wieder lachen lernt.

Dort traf er den Engel, der nun in Gestalt eines hübschen Mädchens ebenfalls Urlaub machte. Der kleine Junge sah den Engel ein paar Mal und immer war er fasziniert von ihren schönen Augen und ihrer lieben Art die sie hatte. Er mußte oft lachen und war fröhlich wenn er sie nur sah. Der liebe Gott bemerkte das auch und spornte den Engel an, sich noch mehr um den Jungen zu kümmern, ihm zu helfen lustig zu sein.

Das tat das hübsche Mädchen auch und so trafen sie sich des Öfteren.

„Ich kann nicht immer bei Dir bleiben", sagte der Engel, „aber Du hast einen Wunsch frei, den werde ich Dir erfüllen bevor ich Dich verlasse"! „Prima", sagte der Junge, „dann wünsche ich mir, daß Du den ganzen Sommer über, während ich hier Urlaub mache, bei mir bleibst und Dich nur um mich kümmerst". Heimlich aber dachte er:

Wenn ich ganz lieb zu ihr bin bleibt sie bestimmt für immer bei mir.

Und so waren sie viele Tage zusammen, sie machten viel Blödsinn, tanzten, lachten und viel zu schnell ging der Sommer vorbei.

Da sagte der Engel eines Tages zu dem Jungen: „Du hast wieder lachen gelernt, Du bist jeden Tag fröhlich, jetzt brauchst Du mich nicht mehr. Ich muß nun leider gehen, ich werde woanders gebraucht". Da weinte der kleine Junge ganz bitterlich, denn er wollte nicht, daß sie geht. Er hatte sich nämlich in das schöne Mädchen verliebt. Aber er verstand auch warum sie gehen mußte.

Er dankte dem lieben Gott für die Güte und die herrlichen Wochen die er mit dem Engel erleben durfte. Dann reiste er wieder in die große Stadt um zu arbeiten und jeder der ihn sah wunderte sich über seine lustige und fröhliche Art, wie er mit den Menschen umging.

Aber oft dachte er nur an das schöne Mädchen und hoffte jeden Sommer es wieder zu sehen.

Und wenn er nicht gestorben ist, so wartet er immer noch !

# Der Zocker

Hey Knabe, willst Du mit mir gehen
Gar schöne Spiele gibt's zu sehen
Ich zeige Dir ein goldenes Land
Nur Deine Seele will ich als Pfand
So spricht der Teufel den Jungen an
Nimmt hurtig ihn zur Seite dann
Er führt ihn zum Laster, zeigt ihm die Welt
Hier ist alles schön, es regiert das Geld
Die Kugeln und die Farben verwirren
Der Knabe glaubt, er mag sich nicht irren
Er ist geblendet von lüsternen Gestalten
Kann seine Gefühle nicht mehr im Zaume halten
Die Frauen so schön, das Inventar so edel
Alles ist kostbar, die Diener mit Wedel
Steh'n vor ihm, erfüllen ihm jeden Wunsch
Alles ist frei, sie kredenzen und locken mit heißem Punsch
Er gibt sich ganz dem Spielen hin
Denkt nicht an morgen, hat nur das viele Geld im Sinn
Ein wenig gewinnt er hier und da
Die Weiber um ihn sind wunderbar
Sie locken mit Versprechungen ihn
Bieten sich an, geben sich hin
So langsam flüchtet die Nacht vor dem Tag
Der Knabe nicht weiter mehr spielen mag
Doch der Satan an seiner Seite ihn pieckt
Ihn immer wieder in Sicherheit wiegt
Bis zum bitteren Schluß er alles verliert
Und nun ganz schlimme Gedanken gebiert
Mit einem Messer zum Kassierer er schleicht
Ein Schnitt an der Kehle ihm zum Meucheln gereicht
In der Hölle ganz tief nun muß er schmoren
Er hat alles, sein Leben und seine Seele verloren
Nur einer ist zufrieden, er hat es gut bedacht
Es ist der Teufel, der laut und schrecklich über ihn lacht!

Ein Freund


Hab ihn immer gesucht, ein Leben lang vermißt
Einen Menschen, so gut, daß man ihn nicht mehr vergißt

In schweren Stunden, ein Hort des Vertrauen
Eine Quelle der Hoffnung, die hilft nach vorne zu schauen

Mein Freund, ich fand Dich in schlimmen Tagen
Wir verstanden uns gleich, auch ohne viel Fragen

Manchmal fühl ich mich lästig, ich stehl' Deine Zeit
Du denkst sehr bedächtig, aber bist immer bereit

Zu hören, zu trösten aus weiter Ferne
Ich spür' es schon lange, Du hast mich sehr gerne

Verstehst meine Not, oft ohne es zu begreifen
Und Gefühle, lange Dir fremd, beginnen zu reifen

Aber bist Du auch selbst in vielen Dingen schwach
So hältst Du doch immer meinen Lebenswillen wach

Für Deine Freundschaft möchte' ich Dir danken
Ich bin sicher, nichts und niemand bringt sie zum wanken

Auch ich will Dir gut tun, eine Bank sein für's Leben
In schwierigen Zeiten, wenn Deine Last ist zu schwer
Möcht' ich ein wenig meiner Stärke Dir geben
Dieses Versprechen, nimm es ruhig an, ich wünsch es mir sehr!

Erinnerung

Schneeflöckchen weiß, ich liebe Dich sehr
Kommst vom Himmel so weit, zu den Menschen hierher

Deckst vieles auf Erden mit warmem Mantel zu
Den Kummer, das Leid, Schaffst für kurze Zeit Frieden
Auch die Waffen der Kriege kommen zur Ruh`
Und Stimmen erklingen, die so lange geschwiegen

Kleine, schwache Hände fangen Dich, formen und spielen
Aber auch alte, knotig und voller Schwielen

Die Alten erinnern sich, als sie waren noch Kinder
So schön war´n die Tage in der Kälte, im Winter

Und läßt sich später noch die Sonne erblicken
Warm eingepackt und voller Elan
Groß und Klein sich am Schnee mit Freude erquicken
Die Schlitten heraus, zum Rodeln sie fahr´n

Schneeflöckchen weiß ich mög' Dich noch mehr
Brächtest Du aus der Ferne die Liebste zu mir her

Meine Gedanken springen wie Du, mal hier, mal da
Was soll ich Dir sagen, sie war wunderbar

Aber so wie Du nicht bleibst, nur kurze Zeit Lebst
Und doch den Menschen viel Freude und die Erinnerung gibst

So ist sie viel zu schnell von mir gegangen
War auch mein Herz vor Liebe von ihr gefangen

Aber bald soll die Trauer von mir geh´n
Irgendwann ,vielleicht im Himmel bei Dir, werd ich sie wohl wiederseh´n !

# Erkenntnis

Hallo, Du kleiner, einsamer Mensch, warum weinst Du,
was soll Dein Jammern
Komm mit mir, wir gehen, ein Stück zusammen
Ich erzähl Dir die Geschichte von einem kleinen Tyrannen
Weißt Du, auch ich war traurig und verlassen
Konnte mein Unglück gar nicht fassen
Wollte nicht leben, konnte nicht lachen
Kam nicht von meinem Schmerz mehr los
Auch sonst war alles hoffnungslos
Ich weinte wenn die Sonne schien
Wenn Menschen lachten musste ich fliehen
Da ging ich in die Natur hinaus
Würgte und spuckte alles aus mir raus
Die Wut, den Haß, die Enttäuschung und mehr
Und siehe da, ich wurde wer
Für Freude und für Herzeleid
Kommt immer wieder mal die Zeit
Erinnerte mich an alte, schöne Tage
Und doch, auch damals war nicht alles in der Waage
Die Zukunft lag noch weit vor mir
Mein Leben war doch jetzt und hier
Was scherten mich die fernen Zeiten
Ich wollte auch kein Laster meiden
Doch schneller als ich dachte
Hatte ich Probleme mit dem, was das Leben aus mir machte
Ich wurde dünkelhaft und Eitel,
ich war der Größte und das sollte auch so bleiben
Doch das Schicksal hat nichts vergessen

Ich wurde bestraft, weil ich so vermessen
Inzwischen bin ich um vieles älter
Und merke auch, die Menschen werden immer kälter
Die echte Liebe wird ganz selten
Die Partner sind getrennt durch Welten
Bei Freude und beim Glück, immer kleiner wird der Pegel
Neid und Mißgunst sind die Regel
Mein Leid half mir mich selbst zu finden
Ich muß mich nicht an andere binden
Was ich Dir damit sagen will
Hör öfter mal den Freunden zu, und sei ein wenig still
Versuch Deinen Kummer nicht groß zu machen
Es gibt im Leben schlimmere Sachen
Mit der Hoffnung wirst Du Dich vereinen
Und schon bald wirst Du nur noch vor Freude weinen!

## Ermutigung

Die Sonne geht auf
mit wärmendem Licht
Ich erinnere mich, trotz traurigem Herzen
Denk an unsere schöne Zeit und wünsche, Du vergißt sie nicht
Die Hoffnung und Wehmut und große Schmerzen

Schau in den Wald, seh´ das Wunder der Natur
Die Blätter, die Farben erinnern mich sehr
An schöne Stunden mit Dir, an Liebe pur
Doch Sehnsucht und Begehren ich möchte nicht mehr

Du bist gegangen, ein Stück Leben ist zu Ende
Mag ich auch jammern, es gibt keine Wende

Verzweiflung trieb mich aus der Stadt hinaus
Die Leere, Angst um Dich, ich halt´s nicht mehr aus

Der Tod könnte mir helfen, ich bitte und Klage
Kein Leben ohne Dich, unnütz der Rest meiner Tage

Leise rauscht der Wind durchs Land, so als wollte er mir sagen
Komm mit mir du armes schwaches Kind, hab Vertrauen zu mir, stell keine Fragen

Er führt mich auf steile Wege empor
durch steiniges Gelände
Ich ahne das Ziel und nehme mir vor
Mein Leben geht oben am Gipfel zu Ende

Dann schau ich ins Land, war Gott nie so nah
Und weiß auf einmal, das Leben ist doch wunderbar

Eine Stimme dröhnt wie Beben in meinem armen Kopf
Wirf ab den schweren Ballast, schneid ab der Erinnerung alten Zopf

Du hast es in Deinen eigenen Händen
Dein Glück, es wartet irgendwo
Nur wenn Du wirst Vergangenes beenden
Kannst Du es finden und bist wieder froh!

## Fragen

Grau ist der Morgen, der Nebel weicht vor der Sonne zurück
Ich liege schon wach und träume vom verlorenen Glück

Die Vögel zwitschern schon lange nicht mehr
Der Herbst hat sie davon geweht

Lieber Tag, was bringst Du mir
Freude und Hoffnung wünschte ich sehr

Endlich wieder eine neue Liebe

Ach, wie ich mich sehne nach einem schönen Gesicht
Ein Mund der Lust und Freude verspricht

Ein Mensch der mich vergessen läßt, der langen Nächte Einsamkeit

Wie herrlich wär' doch diese Welt
Wenn eine da, die zu mir hält!

## Freude

Heute möchte' ich nicht in Trauer wühlen
Weihnachtszeit, ich will Dich fühlen

Ich geh' durch die Gassen und lasse mich treiben
Von fröhlichen Menschen, die heute nicht leiden

Was für ein Trubel, ein Lärm, ein Geschrei
Es scheint, als wär's den Leuten einerlei

Das Dorf sieht wie im Märchen aus
Die Häuser und Gärten sind wie mit Zuckerwatte überzogen
So weiß der Schnee
Frau Holle war eifrig, wie eh und je

Überall in den Fenstern sind Lichter zu seh'n
So hell, so bunt, so wunderschön

Langsam geh' ich an den geschmückten Geschäften vorbei
Beim Metzger lockt der Duft von Bratwürsten und Glühwein zum verweilen ein
Am Bäckerladen bleib ich steh'n, es gibt so vieles hier zu seh'n

Eine alte Eisenbahn—aus Kindertagen—
Fährt an Bergen von Zuckergebäck und Lebkuchen vorbei
Und da, in der Ecke, das Hexenhaus
Aus dem schauen Hänsel und Gretel heraus
Und Bambi, das Rehlein, ist auch zu seh'n
Aus Marzipan, im grünen Klee

Ganz plötzlich bin ich wieder Kind
Und lasse zu, daß mich die Erinnerung gefangen nimmt

Ich bin glücklich und traurig zugleich
Doch daß ich noch träumen kann

Das macht mich reich!

# Frühling

Frühling wird's, die Knospen sprießen
Die Natur vom Schlaf erwacht
Die Menschen geh'n raus, die Schönheit genießen
Unser Schöpfer hat es gut bedacht

Die sonst strengen Gesichter blicken so friedlich
Und Hoffnung ist aller Orten zu seh'n
Kranke werden wieder fröhlich
Durch Wald und Flur, sie möchten geh'n

Und Kinder, mit jauchzend, hellen Stimmen
Die Eltern schau'n voll Stolz ihnen zu
Voll Übermut die Bäume erklimmen
Vorbei ist's mit der Wintersruh'

Auch Großmutter ist nicht mehr im Haus zu halten
Zur Bank im Garten, ein Platz in der Sonne
Die kranken Hände, nun müde gefalten
So gedenkt sie der Tage, die einst waren voller Wonne

Die Vögel zwitschern vor Freude und Lust
Mit Eifer, ohne Angst und Bangen
Das Pärchen schiebt beiseite den endlosen Frust
Und gibt sich hin, dem zärtlichen Verlangen

Am Abend, wenn die Sonne geht und alles Leben kommt zur Ruh'
Sind Elend und Leid für kurze Zeit gebannt
Der Mond schaut voller Güte, im Kreis der Sterne zu
Und Frieden zieht über's schlafende Land !

Gedanken über die Zeit:

Immer war die Zeit für mich wichtig. Als kleiner Junge zur Weihnachtszeit, Träume in kalter Winternacht, Lauschen auf das Ticken der Wanduhr bei Urgroßmutter. Wünschen, daß die Zeit stehen bleibt, nicht wieder zurück müssen, zu dem Bösen, was mir Angst und Furcht einflößt.

Ich schaue in die Flammen vom Ofen, das Holz knistert und knackt, die Bratäpfel duften. Auf dem Tisch ein Teller mit Lebkuchen und darüber die Uhr.

Unerbittlich dreht sich der Zeiger.

Bald muß ich wieder gehen in die Kälte der Nacht, Angst und Hunger tief in mir, alles ist still. Die Uhr auf dem Kirchturm mahnt „geht nach Hause, es ist Zeit, eure Lieben warten im kuscheligen Heim". Wo ist mein Heim?

Und auch später begleitete mich die Zeit, mal ruhig, mal hektisch:

Ungeduldiges warten auf die Liebste, Kaffee gemacht, auch an den Kuchen gedacht, ist das Bett auch frisch bezogen?

Alle Uhren gehen so langsam, was ist nur los, warum dauert alles, was man sich wünscht, so ewig? –Würde doch auch die Liebe so lange halten-

Und auch im Arbeitsleben waren immer die Uhren dominierend:

Drei große Wecker, damit ich bloß nicht verschlafe! Gestern wieder so schwer geschuftet, ich werde bestimmt befördert, darf unter keinen Umständen zu spät kommen! Aber diese Kopfschmerzen, in der Pause schon versteckt wie ein waidwundes Tier, keine Tabletten helfen:

Wenn ich die Augen öffne sehe ich die Uhr, noch eine Stunde Zeit bis zum Wecken. Wie schön es ist, etwas zu träumen, noch eine ganze Stunde und vielleicht sind die Schmerzen dann weg!

Bei meiner letzten großen Liebe hatten wir ursprünglich alle Zeit der Welt:

Monatelang, täglich, zu jeder Zeit haben wir telefoniert. Dann das letzte Mal:

Sie hat versprochen anzurufen. „Ich habe so starke Gefühle für Dich, da ist kein Platz für einen anderen", so sagte sie.

Ich glaubte, ich vertraute, die Zeit verrinnt wie im Fluge. Die Nacht vergeht, der Morgen ist schnell da, nun ruft sie an. „Verzeih mir bitte, ich habe mich neu verliebt, die Zeit dauerte mir zu lange die ich auf Dich warten muß".

**Ein Traum zerspringt!**

Alleine, betrogen, Angst vor der Nacht, Angst vor dem was **Er** mit ihr macht.

Alle Uhren sind gegen mich, quälend und zähe drehen sich die Zeiger, sie mahnen mich:

Entwickle Dich weiter, denn Deine Uhr, Dein kleines Herz, erinnert sich später an jeden Kummer, an jeden Schmerz. Nimm alles etwas mehr mit Würde, wirf ab das Laster und die Bürde.

Damit Dein Dasein leichter werde, denn die Zeit schreitet unaufhaltsam voran und schon bald fängt für ein neues Leben die Zeit wieder von vorne an!

# Glück

Du, mein Engel, Du mein Leben
So viel Liebe hast Du mir gegeben

Willst mich immer küssen, immer herzen
Sogar ein böses Wort von mir kannst Du verschmerzen

Hebst mich hoch, schaust auf zu mir
Sehr viel Wärme und Güte ist in Dir

Kummer und Leid jag' ich davon
Seh' ich Dich von weitem schon

Kommt Sehnsucht und Trauer auch zu Tage
Hält bei Dir Freude und Hoffnung sich die Waage

Hast in mir so viele Gefühle geweckt
Obwohl ich dachte, ich hätte sie gut versteckt

Kann wirklich nicht mehr von Dir lassen
Deine Liebe zu mir kann ich überhaupt nicht fassen

Du bedeutest für mich unendliches Glück
Ich will auch gar nicht mehr zurück

In die alten, schlimmen Zeiten
Und auch andere Frauen will ich meiden

Ich Liebe Dich wie nie zuvor
Und für immer möcht' ich schauen, zu Dir empor!

## GroßeTrauer

Einsam und verlassen
Sehne ich mich nach ihr zurück
Kann von diesem Weib nicht lassen
Habe Tränen in meinem Blick

Todeswünsche umnebeln mein Gehirn
Ich dreh' mich im Kreis und frag' wer ich bin

Wie kann ein Mensch so schnell zerstören
Was für mich doch so wichtig war
Mein Leben sollte ihr gehören
Dieser Frau, so wunderbar

Erinnerung will nicht von mir weichen
Schmerzen meine Brust zerreißen
Mein Blick sucht vergebens, keine and're will Dir gleichen
Und mein Herz wird hart wie Eisen

Wut und Haß beginnen meine Seele zu füllen
Verstand ist völlig ausgeklinkt
Nichts wird meine Sehnsucht stillen
Fortune hat letztmals zugewinkt

Mein Vertrauen ist gestorben
Große Trauer tief in mir
Hab' so lang' um Dich geworben
Wähnte mich als Teil von Dir

Liebe, Glaube, kommt zur Bahre
Begleitet meinen letzten Schritt
Hier liegt ein Mensch, er glaubte an das Wahre
Doch das Pferd war zu groß, das er ritt!

## Heilige Nacht

Es ist eine klare Winternacht
Es ist die stille, die heilige Nacht

Der kleine Junge hält tapfer die Kälte aus, er wartet auf den Nikolaus

Das Kind träumt mit leuchtenden Augen von einer warmen Stube
Ein Christbaum steht im Lichterglanz, geschmückt mit bunten Kugeln
Mit Lebkuchen und Nüssen
Alles Dinge, die sie schon so lange vermissen

Vieles geht ihm durch den Kopf
Er wünscht sich oft im Himmel zu sein, dort wäre er nicht mehr so allein'
Dann wieder denkt er an seine Katze
Sie liegt sicher in der Scheune, auf der alten Matratze
Wie gut es doch die Kleine hat
Sie liegt im Warmen und wird jeden Tag satt

Tief sinken die Füße in den Schnee, die Kälte und das Herz tun ihm weh
Das Feld ist so groß, kein Haus ist zu seh'n der Junge hat Angst
zur Mutter zu geh'n

Er ist weggelaufen vom Vater, der ist sehr streng
Und straft gar schrecklich, beim kleinsten vergeh'n

Und traurig denkt das Kind an Morgen, denn da warten schon die neuen Sorgen
Keine Geschenke, nur wenig zu essen

**Der Weihnachtsmann hat uns wieder vergessen!**

# Hoffnung

In der Trauer schwarzen Nacht
Kommt ein Leuchten aus der Ferne
Die Liebe, ein Wunder hat vollbracht
Du siehst die Menschen wieder gerne

Dem dunklen Himmel folgt der Morgen
Und viele Sorgen werden klein
Du wirst vom Glück Dir etwas borgen
Und Herz und Seele bleiben rein

War auch Dein Leid groß und gewaltig
Die Farben nur noch düster und grau
Dein Gesicht vor Trauer nur noch faltig
Die Hoffnung war stets neben Dir, doch verwischt und ungenau

Das Sehnen zum Weibe war oft unerträglich
War es nicht gestern, das erste Mal
Aber nur im Traum war Liebe noch möglich
Wieder wach war Dein Mund trocken und schal

Und nun dieses Licht, aus Augen wie Feuer
Ihre Worte so sanft, sie streicheln die Haut
O Liebster komm, Du bist mir sehr teuer
Deine Antwort ist zärtlich, bitte sei meine Braut !

# Jammer

Was trieb mich hin zu Dir, lieb' Weib
Mir deucht, es war die Eitelkeit
Und würdest Du wollen, daß ich bleib'
So wär' ich doch nicht recht gescheit

Denn Deine Jugend und meine Kraft
Hätten vieles wohl geschafft

Doch Zweifel und Unsicherheit von Dir
Erweckten Angst und Sorge bei mir

Mag sein, daß ich Dich etwas drängte
Und Dir zu oft meine Liebe schenkte

Aber bald gingen durch Deine Triebe
Was übrig blieb für mich sind Hiebe

Doch dank' ich Dir, Du schöne Frau
Es tut sehr weh, mir eitlem Pfau

Die Flügel hast Du wohl gestutzt
Und auch sonst hast Du mich nur benutzt

Für Dich war ich nur zweite Wahl
Nun lieg' ich hier, im Herzen Qual

Was gestern für mich Liebe war
Ist heute traurig, unfaßbar

Aber schön war's doch, mit Dir im Dunkeln
Und wär' ich auch gern' mit Dir verbunden

So bin ich froh, daß es geschah

Denn wärst Du auch bei mir geblieben
So hätte es Dich halt später fortgetrieben

Doch sollte es Dir schlecht ergeh'n
So laß' Dich gerne bei mir seh'n

# Jugoslawien-Krieg

Warum gibt es Kriege, werden Menschen gemeuchelt
Ist alles nur Schau, wenn Mächtige lächeln, alles nur geheuchelt

Werden Kinder jemals wieder lachen, toben
Ohne daß Soldaten daneben stehen
Werden wir es schaffen, den Feind von einst als Mensch zu loben
Wann wird diese furchtbare Zeit zu Ende gehen

Ich sehe ein Mädchen mit großen Augen, im Schoß verkrallt die zierlichen Hände
Der kleine Körper von Schändern genossen
Könnte sie reden, ihr Blick spricht Bände
Aber der Mund verbittert, zum Schweigen geschlossen

Die Eltern sind tot
Die Geschwister vermißt
Die Häuser zerstört, es herrscht schreckliche Not
Eine Apokalypse, Bilder die man niemals vergißt

Versprengte Familien, verlorene Herde
Marodierende Gesellen mit Geiseln als Pfand
Mein Blick streift über verbrannte Erde
Du trauriges, armes, vergewaltigtes Land

Warum gibt es Kriege, wann werden wir endlich verstehen
**Daß nur die Liebe unsere Welt läßt länger bestehen!**

# Kindheit

Es war einmal ein kleines Dorf weit hinter der großen Stadt, dort lebte eine arme Familie. Die Frau war ein gutmütiger, freundlicher Mensch, überall beliebt und fleißig. Sie arbeitete von früh bis spät bei den Bauern, um die Kinder und den Mann zu ernähren. Dieser war sehr böse und faul, er trank und spielte in den Gaststätten und wenn er heimkam verprügelte er Frau und Kinder. Da geschah es, daß die Frau wieder schwanger wurde, aber der Mann wollte dieses Kind nicht. Er wurde wütend wenn er Sie mit dem dicken Bauch sah, „noch ein unnötiger Fresser mehr" schrie er und sie hatte große Angst vor ihm. Als dann das Kind geboren wurde, schien es als würde ein Fluch über ihm liegen, es war ein Junge. Er kam zur Welt und wollte nicht atmen, so als hätte er Angst vor dem Leben. Der Junge war blau angelaufen, alle dachten schon er würde sterben. Aber das alte Weiblein aus dem Walde , die bei der Geburt half, war eine kluge Frau. Sie steckte das Kind mit dem Kopf voraus in einen Eimer mit kaltem Wasser und siehe da, es fing an zu zappeln und zu schreien. Es kämpfte um sein kleines Leben und das würde es in Zukunft immer wieder machen – kämpfen!

Die Jahre vergingen, der Junge war sehr klein und schwächlich, er wurde von den anderen Kindern im Dorf oft gehänselt und verprügelt. Aber er hatte ein tapferes Herz und zeigte seine Tränen nicht. Später, wenn er groß und reich wäre, dann würde er alle bestrafen, die ihm so weh taten. Im Laufe der Jahre bekam er noch mehr Geschwister, das Essen, daß die Mutter heranschaffte, reichte kaum zum Leben, sie hatten immer Hunger. Eines Tages kam der böse Vater mit einem fremden Mann nach Hause. Dieser lebte weit hinter den Bergen in einem großen Schloß. Er tat freundlich und sagte zu dem Jungen „Ich habe gehört, daß Du immer Hunger hast und nicht satt wirst, so komm also zu mir, ich besitze große Ländereien, dort kannst Du arbeiten und dabei soviel essen, wie Du willst." Der Junge weinte sehr und war traurig, er liebte doch seine Mutter und die Geschwister, aber der Vater befahl es und so ging er denn schweren Herzens in die Fremde.

Als sie nach einer langen Reise im Schloß ankamen, nahm der Herr den Jungen an die Hand und zeigte ihm seinen Besitz. Alles war voller Pracht und Reichtum, Essen gab es im Überfluß. „So reich kannst Du auch werden", sagte der

Schloßherr – der in Wirklichkeit der Teufel war - aber Du mußt mir gehorchen und für mich arbeiten, dein Leben lang. Du wirst erst frei sein, wenn Du einen Menschen findest, der Dich liebt!

Das sollte ja nicht so schwer sein, dachte der Junge er war geblendet von all den Herrlichkeiten, erinnerte sich an seine Armut und das Elend daheim und so willigte er in den Handel ein. Die Jahre vergingen wie im Flug. Der Junge wurde zum Mann, groß und stark. Er war fleißig und brachte es zu bescheidenem Wohlstand. Die reichen Leute verachtete er, war gut zu den Armen und immer wieder war er auf der Suche nach einem Menschen, der lieb zu ihm war. Oft erschien ihm der Teufel im Traum, der lachte ihn aus wegen seiner Gutmütigkeit und bald hatte er ihn auch überzeugt, daß alle Menschen schlecht wären. Und so wurde sein Herz immer kälter und hart wie Eisen. Nur seine Mutter und seine Geschwister liebte er und half so gut er konnte. Mit der Zeit dacht er nur noch an Vergnügungen und gab sich dem Laster hin. Er fand oft Menschen, die ihm nach dem Munde redeten, ihn benutzten und so wurde er immer böser und viele hatten Angst vor ihm. Nachts aber, wenn er alleine war, weinte er bitterlich und hatte Sehnsucht nach einem lieben Menschen, der gut zu ihm war. Also beschloß er in ein fremdes Land zu gehen, wo ihn niemand kennt. Und so wollte es das Schicksal, daß er ein wunderschönes Fleckchen Erde fand, wo die Menschen freundlich waren und es ging ihm sehr gut.

Eines Tages traf er bei einem Spaziergang eine wunderschöne Frau. Er war sofort verliebt in sie, empfand Gefühle, die er so noch nicht erlebt hatte, und beschloß sein Leben zu ändern. Er machte ihr schöne Augen, sang Lieder für sie und hoffte, daß sie ihn erhören möge. Abends saßen sie oft auf ihrem Lieblingsplatz, hielten sich bei den Händen und schauten in den Sternenhimmel. Der größte, hellste Stern sollte ihnen gehören, den wollten sie immer suchen, falls sie einmal getrennt wären, dann würden sie sich wieder finden. Sie hatten eine schöne Zeit zusammen, aber eines Tages war sie fort. Auf der Wiese wo sie sich immer trafen, hatte sie einen Brief für ihn niedergelegt in dem sie schrieb, einem anderen Mann sei sie versprochen. Aber wäre sie frei, so hätte sie ihn gerne genommen. Da wußte der liebeskranke Mann, daß er für seinen bisherigen Lebenswandel bestraft wurde. Er konnte nicht mehr schlafen, nichts mehr essen. Dachte immerzu an diese schöne Frau, die sein Leben so verändert hatte, die gut zu ihm war, die ihm Wärme und Liebe gab wie noch niemand zuvor. Er wurde immer schwermütiger, trauriger und wollte nicht mehr leben. Und oftmals, wenn er nicht mehr weiter wußte, schaute er in den Himmel, sah den großen Lieblingsstern und dann wurde ihm warm ums Herz. Er betete zum Gottvater, der alle Geheimnisse kennt, er möge ihm Kraft geben, nicht zu verzagen, möge ihm helfen, auf dem richtigen Weg zu bleiben. So jammerte er sich Nacht für Nacht in den Schlaf, hoffte es würde ein Wunder geschehen und ihm die geliebte Frau zurückbringen. Darüber ist er alt und krank geworden und aus Gram eines Tages nicht mehr aufgewacht.

Aber die schöne Frau hat ihn nie vergessen und abends, wenn die Sterne leuchten, sitzt sie im Garten und zeigt ihren Kindern den großen Stern. Dann erzählt sie die Geschichte von dem armen Jungen, der dem Teufel seine Seele verkaufte. Der sein Leben lang einen lieben Menschen suchte, erzählt von seiner unglücklichen Liebe und dabei rinnt ihr eine kleine Träne über´s Gesicht!

# Klage

Ich schreib Dir meine Seelenpein als kleines Gedicht
Bliebst Du doch das Liebchen mein, so wäre ich stark kein armer Wicht

Viele Monate warst Du meine Sonne
Wolltest gar mein Weiblein werden
Schürtest meine Hoffnung, alle Tage brachten Wonne

Nun willst Du mich für immer verlassen
Ich liege am Boden und kann es nicht fassen

Wo sind die Schwüre, ist die Liebe geblieben
Es tut so weh, die fürchterlichen Hiebe

Sie machen mich krank, sie werden mich töten
Und Du bist so hart, wirst nicht mal erröten

Schiebst beiseite den Mann der gut war zu Dir
Willst alles vergessen, auch die Zärtlichkeit von mir

Bist schwach und feige, hast Angst vor dem Leben
Obwohl ich alles tat, um Kraft Dir zu geben

Aus den Augen, aus dem Sinn
Willst keine Probleme, willst nur den Gewinn

Ich werde weinen und auch fluchen
In vielen Frauen nach Dir suchen

Meine Nächte werden kalt und leer
Hoffnung auf Wärme gibt's nicht mehr

Aber bald wirst Du bereuen, Dein böses Handeln
Und ich nicht mehr bereit sein, mit Dir neu zu bandeln

Ich will Dich vergessen, nichts mehr von Dir wissen
Und wünsch Dir nur eines, ein schlechtes Gewissen!

## Leid und Hoffnung

Ich habe sehr gelitten und selten gelacht
Und viele Menschen habe ich traurig gemacht

Ich wollte nicht mehr Leben und konnte nicht lieben
Der Haß hat mich fast um den Verstand gebracht

Die Welt, in der ich glücklich war, die wurde mir versperrt
Und niemand war da, der mein Jammern gehört

Doch gestern, es war noch nicht Tag und nicht mehr Nacht
Da bin ich plötzlich aufgewacht

Wie eine Botschaft, eine Nachricht für mich
Die sagte, Mensch, verändere Dich

Ein Vogel sang, es klang so schön
Da wußte ich, das Leben wird doch weitergeh'n!

Lieber Weingeist


Als ich Dich kennenlernte, ekelte ich mich vor Dir
Aber Du sorgtest dafür, daß ich meine Hemmungen verlor

Ich war stark, tapfer
Bekam alles, was ich nur wollte

Doch am Morgen haßte ich Dich
Mir war übel, alles tat mir weh
Ich kotzte schon bei dem Gedanken, daß ich Dich bald wiederseh'

Nun sind viele Jahre vergangen
Du warst mein Freund in all den Tagen
Jetzt will ich Dich nicht mehr, ich kann Dich nicht ertragen
Du bist mir eine Last, Du tust mir nicht gut
Du liegst mir auf dem Magen

Doch komm' ich nach Hause und seh' Dich dort steh'n
In der tollen Flasche, so wunderschön
Sag selbst


**Wie soll ich Dir widersteh'n?**

## Liebesschmerz

Armes Herz, was mußt du ertragen
Wann hörst Du auf für mich zu schlagen
Mußt immer nur traurige Dinge sehn
Das Glück möchte ich finden, es täglich erfleh'n
Große Lieben hab ich gefunden
Und hoffte vergebens, sie sind bald verschwunden
Nun bin ich schon ein alter Tor
Und trotzdem verliebt wie nie zuvor
Wenn's kribbelt und kneift
Das Herz fast zerreißt
Wenn Tränen fließen, die Sehnsucht mich fast tötet
Dann weiß ich, es ist die Liebe die in mir wütet
Ich kann nicht mehr schlafen
Möchte mich fast selbst bestrafen
Werde rank und schlank, ich kann nichts mehr essen
Es ist diese Frau, ich kann sie nicht vergessen
Sie bedeutet mir so unendlich viel
Ich will nur sie, hab kein anderes Ziel
Auf's neue nun muß ich jammern und leiden
Jeglichen Kontakt zu Ihr vermeiden
Will stark sein und mein Leben neu richten
Vielleicht in die Welt gehen oder Reime für Sie dichten
Und doch möcht ich hoffen, ich glaub an die Liebe
Obwohl die letzte noch schmerzt, schlimmer als Hiebe
Oft muß ich trauern und weinen um Dich
Denn ich weiß, Du bist die einzige, die richtige für mich
Mein großes Mädchen, ich werde warten auf Dich noch lange
Um unsere Zukunft ist mir nicht bange!

# Mama hat Geburtstag

Mütterlein, lieb Mütterlein
Manchmal möchte ich wieder Dein kleiner Junge sein

Deine Hände spüren, wenn Du über meine Haare streichst
Die Liebe fühlen, wenn Du eine Scheibe Brot mir reichst

Ich denke an den Trost von Dir, wenn ich Schläge bekam
Auch an Tadel, weil ich mich so schlecht benahm

Ich war ewig lange Dein Sorgenkind
Und die Mutterliebe machte Dich oft blind

Viele Probleme und großen Kummer habe ich Dir beschert
Mit Scham muß ich gesteh'n, Du hast Dich niemals darüber beschwert

Dein Leben war bitter, hart und voll Leid
Ganz selten nur Sonne, Lachen und Freud

So viele Jahre hast Du geschuftet, gehungert, Dich geplagt
Viel Elend erduldet, aber niemals verzagt

Jetzt bist Du alt, spürst viele Schmerzen beständig
Kannst nicht verstehen warum, bist nicht mehr so wendig

Ich möchte gern helfen, bin aber weit in der Fremde
So bleibt nur das Träumen, da halte ich Deine Hände

Und wirst Du auch irgendwann gehen von hinnen
Du bleibst stets bei mir, im Herzen, tief drinnen

Mütterlein, lieb Mütterlein
Ich werde immer stolz auf Dich sein !

## Mein Engel

So viele Menschen sind traurig, suchen das Glück
Wir haben es gefunden und wollen nicht mehr zurück

In die Welt der Traurigkeit
Wo nur Neid und Mißgunst weilt

Ich sehe Dich als ein wertvolles Geschenk, eine Gnade
Als einen Wink des Schicksals, aus Gottes Schublade

Keine Sorgen will ich Dir machen
Alle Tage nur Freude, Lust und Lachen

Kommen auch Schmerzen und Kummer mal auf
Dann lieben wir uns, ansonsten pfeifen wir drauf

Tränen werden fließen, Trauer uns das Herz zerreißen
Aber unsere Liebe bleibt, nichts kann unsere Seele vereißen

Und doch werden wir uns bald trennen, mein liebes Kind
Denn so, wie der Frühling den Winter besiegt, ihm die Kälte nimmt

So wird die Vernunft in Dir, Deine Verantwortung, unsere Liebe auf Zeit beenden
Du weißt, wie sehr Du mir jetzt schon fehlst und doch müssen wir stark sein,
lassen wir es dabei bewenden

Du bist zu mir gekommen wie der Wind
So wirst Du auch geh'n von mir, leise und geschwind

Mein Baby, zwölf Monate hat das Jahr
Und ebensolange werde ich warten auf Dich, Du Frau, so wunderbar!

## Mein Freund

Mein Freund,

nun sitze ich wieder am Telefon und weine um meine verlorene Liebe.

Oder soll ich sagen um mein Leben?

Wie gut Du alles verstehst, wie schön es ist von Dir getröstet zu werden.

Alles kannst Du nachempfinden

Du hast das auch schon mitgemacht, hast auch schon an den lieben Tod gedacht.
Auch Dir sind die Freunde weggelaufen.

Wie, Du warst auch schon ohne Arbeit und trotzdem geht es Dir wieder gut?

Du hast auch wieder einen Menschen, der lieb zu Dir ist?


Mein Freund, sag mir bitte, wo finde ich Dich?

# Mein Geburtstag

Die Wunder der Liebe, nie werd ich`s vergessen
Die Tage voll Lust, ich war wie besessen

Ich habe das Glück schon so oft gehalten
Aber mein Herz, meine Seele im Zweifel, wie gespalten

Der Himmel, die Sterne, sie machten mich stark,
doch kamen die Wolken und deckten alles zu
So hatte ich Sehnsucht nach ewiger Ruh

Auch macht die Angst vor dem Alter mir sehr zu schaffen
Ein halbes Jahrhundert auf dem Buckel, ich kann's nicht raffen

Und nun ist heute mein Ehrentag
Die Hoffnung auf Frieden wird fast schon zur Plag

Die Abwesenheit der Liebsten, sie wird mir sehr fehlen,
doch will ich nicht jammern, ich freue mich sehr
Über die Menschen, die kamen zu mir hierher

Um zu trösten, zu feiern und Kraft mir zu geben
Und einige Stunden meine Stimmung zu heben

Sollte eine Träne auch rinnen über´s Gesicht
So bin ich heute glücklich und schäme mich nicht

Ich danke Euch allen für Eure Freundlichkeit
Werde immer daran denken, in aller Ewigkeit!

## Mein Kind !

Noch nicht gezeugt, aber ich sorge mich schon.

Wie wird sie sein für Dich, diese schlimme Welt?

Nur Kälte und Härte bestimmen das Geschehen. Es gibt immer noch Kriege, überall regieren Neid und Mißgunst. Ellenbogen werden gezielt eingesetzt.

Als ich Deine Mutter kennen lernte war es ähnlich, ich lebte isoliert, traurig und alleine. Deine Mama war sehr stolz, ich mußte lange um sie kämpfen, aber nie verlor sie etwas von ihrem Liebreiz.

Ihrem Charme konnte ich mich zu keiner Zeit entziehen. Ich liebte sie sofort, völlig untypisch für mich, der ich ein Macho war. Eitel selbstsüchtig, aber auch sehr verletzlich, angreifbar.

Und nun sind wir zusammen und möchten Dich.

**Ja, ich will Dich !**

Du kleines Wesen, ich liebe Dich schon jetzt, freue mich sehr auf Dich. Möchte des Nachts geweckt werden von Deiner Stimme. Will Deine kleinen Hände fassen, Dich liebkosen, Dich streicheln, so wie ich es tat, als Du noch bei Mama warst.

Möchte sehen und miterleben wie Du wächst, laufen lernst, bald wirst Du sprechen können.

Ich werde Dir beibringen wie man lacht, wie man dumme Streiche macht.

Auf Bäume klettern werden wir auch. Mama werden wir zur Verzweiflung bringen wenn die Kleidung schmutzig ist, weil wir mal wieder im Schlamm Fußball gespielt haben.

Du wirst erleben wie man lieben lernt, wie man auf Menschen zugeht.

Verzeihen, geben, nehmen, aber auch Trauer, Haß und Wut, Liebe, Glück, Verzweiflung. Alles wirst Du erleben und doch ein Mensch bleiben.

**Ich möchte Dir noch viel mehr geben !**

Lachen sollst Du, aber auch das Weinen soll nicht fehlen.

Du liebes kleines Menschenkind, ich warte auf Dich.

Bitte komme bald, bevor ich zu alt werde.

**Ich liebe Dich !**

# Mitleid

Ich möchte kämpfen für die Armen dieser Welt
Auch wenn es vielen nicht gefällt

Wollt Ihr denn wirklich wissen
Wie sehr sie Freundschaft und Liebe vermissen

Wie sehr sie hungern nach Stärke und Treue
Nach Hoffnung und Glück, ohne Reue

Ihr habt doch den Glauben schon längst verloren
Nur deshalb öffnet Ihr für mich Eure Ohren

Ihr wollt Euer Seelenheil von mir erkaufen
Nur so ertragt ihr Euer Saufen

Aber glaubt mir, abgerechnet wird erst dann
Wenn niemand es erwarten kann

Ihr steht vor Gott mit Eurem Klunker
Und nichts hilft Euch, auch kein großer Bunker!

# Ohnmacht

Der Herbst verwandelt fast über Nacht
Die Büsche und Bäume in neuer Pracht

Die Wälder so farbig und wunderschön
Es tut mir gut, die Natur zu beseh'n

Und doch spüre ich an vielen Dingen
Nicht ferne ist die Winterzeit
Die Vögel rüsten zum Flug so weit
Nach Süden, zur Sonne, es mag wohl gelingen

Ich spreche mit Dir, Du entschwundene Liebe
Geh' in Gedanken, meiner Erinnerung zu Dir
Hatte gehofft, daß endlich das Glück bei mir bliebe
Kann nicht versteh'n, was Dich forttrieb von mir

Vor'm geistigen Auge schöne Bilder entsteh'n
Zwei Liebende, die den Himmel und die Sterne um Verständnis anfleh'n

Weißt Du noch, die schönen Stunden
Glücklich gingen wir Hand in Hand
Wie Durstige das Wasser, so hatten wir die Liebe gefunden
Um zu löschen in uns den flammenden Brand

In Zeiten des Glücks, schon Angst vor dem Sterben
Die Körper vor Lust, wie Nattern umschlungen
Voll Tränen die Augen, beim täglichen Werben
Unsere Liebe schien fest, das Paar gut gelungen

Und nun ist alles Vergangenheit
Vor mir das Nichts, ich kann es nicht glauben
Denke rund um die Uhr an die herrliche Zeit
Will zu Dir, möchte Dich gar rauben

Kann nicht mehr schlafen, schrecke hoch, hör' Deine Stimme
Voller Verzweiflung, hab' Angst vor der Wahrheit
Möchte alles geben, alles tun, damit ich Dich gewinne
Aber Du willst nicht mehr, ich hab' endlich Klarheit

Mein großes Mädchen, Du kennst meine Seele
Ahnst, wie sehr der Schmerz in mir frißt
Auch wenn ich mich nun zwinge und aus Deinem Leben stehle
So wünsche ich mir sehr, daß Du mich niemals vergißt

Und weil ich Dich liebe muß ich versteh'n
Du brauchst Deinen Frieden, ich lasse Dich geh'n!

Osterzeit


Osterzeit, Frühlingserwachen, fröhliche Menschen, Kinderlachen
Ich tanze durch Felder, mach alberne Sachen

Blumen und Sträucher werden langsam geweckt
Sie haben sich viel zu lange vor dem Winter versteckt

Es grünt und blüht mit großer Macht
Als wäre ein wetteifern angesagt

Die Vögel zwitschern, als ging´s um ihr Leben
Sie werden sich bemüh´n uns viel Freude zu geben

Und auch die Sonne verleugnet ihre Liebe nicht
Sie strahlt uns an, mit ihrem großen, goldenen Gesicht

Ich bin gerührt und atme das Leben pur
So herrlich an zu seh'n, so wunderbar ist die Natur

Träume und Wünsche werden in mir wach
Wie bekomme ich nur Gefühle und Verstand unter ein Dach

Erinnerungen kommen zu Tage
Das Sehnen zur Liebsten wird fast schon zur Plage

Viel Zärtlichkeiten will ich ihr geben
Möcht' dieses Weib hoch in den Himmel heben

Wie groß ist das Glück, wer kann es ermessen
Wer jemals geliebt, wird es niemals vergessen !

## Schwiegermutter

Ich scheine Dir fremd und doch kenne ich Dich gut
Du sorgst Dich um Dein Kind, Du schützt Deine Brut

All die Jahre hast Du Dich gekümmert, warst für sie da
Nun ist sie endlich erwachsen, wie wunderbar

Ich finde es prima wie Du um sie kämpfst
Doch wird sie nicht glücklicher, wenn Du sie für immer bei Dir hälst

Sie hat einen Mann, mit dem muß sie streiten und erwägen
Ob eine Trennung nicht besser, eine neue Liebe vielleicht wird sie prägen

Denn Gut und Sorgenfrei allein kann nie von großer Dauer sein
Du wirst sie nicht verlieren, sie bleibt Deine Tochter, sie ist so fein

Ich bleibe als ein sorgender, liebevoller Mann an ihrer Seite
Werde sie pflegen mit Hingabe und Achtung und großer Freude

Will vor Kummer und Ärger allzeit sie schützen
Und auch sonst bleibe ich ihr eine große Stütze

Ich liebte sie, gleich als ich sie sah
Von Tag zu Tag mehr, finde ich sie wunderbar

Liebe Mama, verzeih, daß ich das so sage
Unsere Liebe wird für Dich sein keine Plage

Du sollst auch weiterhin in ihrem Leben bleiben
Aber mit Abstand und Würde unsere Intimsphäre meiden

Vielleicht findest Du mich mit der Zeit gar nicht so schlecht
Du darfst mich gerne prüfen, es ist mir sogar recht

Das Schicksal läßt sich leider nicht dirigieren
Das mußt Du nun leider selber spüren

Vergiß bitte bald Deinen großen Groll
Spätestens wenn Kinder da sind, findest Du mich vielleicht einmal toll!

Seelenpein


Tiefe Trauer ohne Ende
Welches Ereignis bringt die Wende

Schmerzen, große Seelenpein
Wie lange noch werden sie meine Begleiter sein

Wann finde ich mein großes Glück
Kommt die Liebe je zurück

Keiner weiß wohin sie geht
Der Wind hat sie hinfort geweht

Wann ist sie endlich da, die schöne Fremde
Und reicht vor Freude ihre Hände

Die meine Einsamkeit mir nimmt
Mich auch mag, wenn ich verstimmt

Die mir hilft mein leid zu tragen
Ohne murren, ohne klagen

**Mein Engel**

Hilf mir aus der Tiefe raus, heb' mich hoch, zeig' mir den Wind
Denn werde ich auch alt,
in meinem Kummer bin ich immer noch ein Kind !

## Selbstmitleid

Trauer im Herzen, Tränen im Blick
Gibt es wirklich kein zurück

Düster und grau erscheinen mir Himmel und Menschen
Sehnsucht nach ewigem Frieden in mir
Zweisamkeit, das wünschte ich sehr

Wo sind die Zeiten ungestörten Glücks
Wo das Lachen vor Lust und Freuden

Lieber Gott, wenn es Dich gibt
Hilf mir zum rechten Weg zurück
Laß mich nicht alleine mit meinen Gedanken und meiner Angst

Ich ertrinke in einem Meer von Tränen
Ich ersticke an meiner Einsamkeit
Ich werde erdrückt von Hoffnungslosigkeit und Wehmut

Wo bist Du, meine Sonne, mein Licht
Daß ich finde mein wahres ‚Ich'

Ich habe Dich schon oft gesehen
Mitunter finde ich Dich schön, Tod'
Wird es nun wirklich bald geschehen

Wo und wann werden wir uns zum letzten Mal sehen?

## Suche nach Gott

Es geschah einmal vor vielen Jahren in einem kleinen Dorf. Dort lebte eine große Familie in bitterer Armut. Die Mutter war gottesfürchtig, erzog die Kinder mit viel Liebe, gab ihnen Wärme und hoffte auf ein Wunder und daß der Herr im Himmel es schon richten würde. Der Vater war in den großen Krieg gezogen und nicht mehr heimgekehrt. Also mußten die älteren Kinder ihre kleinen Geschwister betreuen, während die Mutter bei den Bauern arbeitete. Sie hatte alle Kinder gleich lieb, aber ein Junge machte ihr oft Sorgen. Er hieß Georg mit Namen und war immer sehr kränkelnd und schwach. Georg hatte große Angst vor den anderen Kindern im Dorf, die ihn nicht mochten, weil er arm war und keinen Vater hatte. So kam der Tag, an dem er die Schule schwänzte und lieber in den Wald ging wo seine Freunde lebten, die Tiere. Da war Klaus, der Hase und Fiffi, der Fuchs sowie Bambi, das Rehlein und über allem thronte Gerlinde, die schlaue Eule. Sie hatten ihm schon oft geholfen, wenn er verzweifelt und traurig zu ihnen kam und jammerte. Georg besaß nämlich die Gabe, Tiere zu verstehen und er liebte sie. Auch teilte er mit ihnen sein karges Essen und gab es so oft er konnte. Nun also saß er wieder bei ihnen und klagte sein Leid: „Ich will nicht mehr nach Hause gehen, wo soviel Not ist, außerdem habe ich große Angst vor dem bösen Bauern, der mein Vormund ist, er schlägt mich oft grundlos und läßt mich hungern. Nein, ich werde in die Fremde gehen und mein Glück suchen". So also sprach der Junge und wollte die Meinung seiner Freunde hören: „Nun gut, sagte Klaus der Hase, ich verlasse meine Heimat nicht so gerne, aber ich kann Dich gut verstehen, ich werde Dich begleiten, denn so eine Reise ist oft voller Gefahren und zur Not könnte ich ein paar Haken schlagen und damit wilde Gesellen von Dir ablenken". Das waren die Worte des Hasen und dabei trommelte er vergnügt mit seinen Hinterpfoten. „Und ich könnte mit Dir auf meinem Rücken davonlaufen, ich bin fast so schnell wie der Wind" leise kamen die Worte vom Rehlein, „ich gehe auch mit Dir". „Selbstverständlich bleibe ich an Deiner Seite", sagte der Fuchs mit heißerer Stimme und drängte sich an Georg, „ich bin zwar nicht mehr der Jüngste, aber bei Gefahr könnte ich schon mal zubeißen". Mit diesen Worten öffnete er sein Maul ganz weit und zeigte sein prächtiges Gebiß. „Juhu", schrie da Gerlinde vom Baum herunter, „natürlich komme ich auch mit. Ich werde euch vorausfliegen und den Weg suchen, des

Nachts aber werde ich euren Schlaf bewachen." Dies waren die Worte der Tiere und Georg wurde es ganz warm um´s Herz, daß er so liebe Freunde hatte. Am nächsten Morgen zogen sie los. De Reise war sehr beschwerlich, sie litten oft bittere Not, denn Georg hatte nur ein paar Äpfel und ein Brot, das schon sehr alt und hart war. Aber sie teilten alles und manchmal fanden sie auch Beeren im Wald und Rüben auf den Feldern. Hatten sie Durst, so tranken sie Wasser aus einem kleinen Bach. Einmal begegnete ihnen eine Horde Räuber, aber sie konnten Georg nichts antun. Das Rehlein ritt mit ihm davon, der Fuchs biß ihnen in die Beine und der Hase schlug Haken und führte sie so auf einen falschen Weg. Gerlinde aber, die schlaue Eule, flog weit vor ihren Freunden und zeigte ihnen den Weg zum Glück. Eines Tages war der Wald zu Ende und auch Gerlinde wußte nicht mehr weiter. „Laßt uns schlafen", sagte Georg, „morgen suchen wir weiter". Sie kuschelten sich aneinander und wärmten sich so. Gerlinde aber saß über ihnen im Baum, hatte immer ein Auge offen und bewachte ihren Schlaf. Die Freunde wurden plötzlich vom Geschrei der Eule aus ihren Träumen gerissen, vor ihnen stand eine Gestalt, ganz in weiß mit goldenen Haaren. Es war ein Engel, er hieß Michael. „Fürchte Dich nicht", sprach der Engel zu dem Jungen. „Deine Freunde, die Tiere müssen Dich nun verlassen, es ist Winter geworden und sie brauchen ihren Wald, er schützt sie vor Gefahren und hilft gegen die Kälte". Da erst bemerkte Georg, daß überall Schnee lag und auf einmal fror er ganz schrecklich und hatte Sehnsucht nach seiner Mama und seinen Geschwistern und da wurde er traurig und fing an zu weinen. Er bedankte sich bei den Tieren, die ihm geholfen hatten auf dem Weg zum Glück, die ihn geschützt hatte vor bösen Menschen und wünschte ihnen eine gute Heimreise. Seine Freunde drängten sich an ihn, wollten ihn trösten, bei ihm bleiben, aber der Engel nahm den Jungen bei der Hand und führte ihn zu einer Wand aus Nebel. Dahinter wurde es auf einmal ganz hell und warm und dann standen sie in einer riesigen Halle. An den Wänden waren Betten aufgestellt, auf denen lagen oder saßen große und kleine Wesen, sie hießen Georg willkommen und herzten und küßten ihn, reichten ihm warme Milch mit Honig und gaben ihm Lebkuchen zum Essen. Leise Musik wie mit Schalmaien und Geigen erklang, so etwas Schönes hatte der Junge noch niemals erlebt. Das muß das Paradies sein, sagte sich der Knabe. Er dachte dabei an seine Mutter, die immer von einem Platz sprach , an den gute Menschen kämen, wenn sie die Erde verlassen würden. Der Engel Michael führte

Georg in der Halle herum, zeigte ihm seine Schlafstelle, alles war weiß und sauber und am Schluß ging der Engel mit ihm zu einem großen Tisch. Auf diesem lag ganz viel Essen, Lebkuchen, Nüsse und in großen Gefäßen war Milch und Limonade, dazwischen gab es Obst und allerlei Naschereien, aber das Schönste war, man konnte essen und trinken soviel man Lust hatte, es wurde nie alle! „Das ist so wunderbar hier", sagte der Junge, „ich möchte nie mehr weggehen, will für immer hierbleiben". „Aber erst mußt Du zum Herrn des Hauses, er wird über Deine Zukunft entscheiden". Mit diesen Worten nahm der Engel ihn am Arm und schubste ihn sanft zum Ende des Tisches. Dort saß ein altes Männlein auf einer Wolke, er hatte ein rosiges Gesicht voller Falten, weiße Haare und einen langen, weißen Bart. Georg hatte sofort Vertauen zu ihm und mußte lachen, das Männlein sah so putzig aus, aber er wußte ja nicht, daß es in Wirklichkeit der Gottvater war und sie sich im Himmel befanden. „Du also bist der Georg", sagte der Herrgott, „wir haben Dich schon erwartet, Du warst nicht immer brav aber Du hast ein gutes Herz, ich habe gesehen, wie oft Du Deiner Mutter und Deinen Geschwistern geholfen hast, auch zu den Tieren bist Du lieb und schützt sie, also werd ich Dir die Gnade gewähren und Dich bei uns behalten. Aber unter einer Bedingung: Du mußt Dich um Deine Brüder und Schwestern kümmern und für sie sorgen, bis sie erwachsen sind und Deiner Mutter mußt Du jederzeit mit Rat und Tat zur Seite stehen, bis auch sie zu Dir in den Himmel kommt". Mit diesen Worten zog er eine kleine Wolke beiseite und ließ den Jungen dahinter schauen. Georg sah auf einmal des kleine Dorf wieder, konnte seine Mutter und die Geschwister erkennen wie sie in dem ärmlichen Haus um den Tisch herumsaßen und bitterlich weinten. Sie trauerten um ihn, der so plötzlich verschwunden war und er hätte gerne mit ihnen gesprochen und sie berührt. Aber der alte Mann zog die Wolke wieder vor Georg und fragte ihn mit leiser Stimme, ob er die Bedingungen erfüllen möchte. „Ja", sagte der Junge und umarmte den Gottvater, „das will ich gerne tun". Und so schickte er all die Jahre ,wenn die Not am größten war, einen Engel auf die Erde, der seiner Familie Lebensmittel und Kleidung brachte und seiner Mutter ließ er ab und an Goldstücke zukommen, so daß sie für sich und die Kinder schöne Sachen kaufen konnte. Auch schaut er jede Woche in ihr Haus und redet mit ihr, wenn sie verzweifelt ist über die Bürde des Lebens. Dann tröstet er sie und erzählt vom Paradies, das er gefunden hat, in daß auch sie kommen wird, wenn die Menschen auf der Erde sie nicht mehr brauchen. Und er betet dafür, daß sie eines Tages alle wieder zusammen sein werden. Mutter und Geschwister, aber auch Bambi, das Rehlein, Klaus der Hase, Fiffi der Fuchs und Gerlinde die Eule. Seine Freunde, von denen er soviel gelernt hat – Die Weisheit des Lebens!

# Todeswünsche

Die Blätter fallen, wie meine Hoffnungen und Träume

Der Wind weht sie dahin, sie welken und verfaulen

So, wie auch ich älter werde und meine Wünsche und Sehnsüchte
beinahe befremdlich wirken

Die kahlen Äste recken sich in den Himmel

So, wie auch ich meine Arme nach einem Wesen strecke, das ich nicht sehe
nicht fühle, das ich aber doch erahne, das ich spüre mit meiner Seele

Trete ich aus dem Wald heraus, so sehe ich den Nebel, der wie ein Schleier
sanft und zart alles bedeckt, was mir Angst und Furcht einflößt
was mich bedroht

Wie ein Schleier, so bist auch Du, meine Liebe, die ich ein Leben lang suche
die ich aber erst dann finde, wenn der Tod neben mir herschreitet
auf meinem letzten Weg zum ewigen Frieden!

Träume

Kerzenschein, O Kerzenschein
Könntest Du doch mein Engel sein

Du biegst Dich hin und her, wie ein Mägdelein im Reigen
Du willst Dich allen zeigen

Mal bist Du flatterhaft wie ein Schmetterling
Der von Blume zu Blume fliegt
Du bist ein süßes Ding

Ich seh' Dich gern beim Tanz, Du bist so fein
Möchtest Du mein Liebling sein

Du bringst mich zum Träumen
Mir wird so warm um's Herz, wenn ich Dich nur seh'

Du bist so elegant, so wunderschön
Ich werde weinen, solltest Du geh'n

Kerzenschein, O Kerzenschein
Ich möchte so gern Dein Partner sein!

Trauer

Ich geh' durch ein tiefes Tal der Tränen
Kein Lachen, keine Freude mehr mag ich seh'n
Fast schon am Abgrund des Todes mich wähne
Erblick ich am Wegesrand ein Blümelein steh'n

Such nicht nach der Liebe im Garten der Lüste
So spricht im inneren eine Stimme zu mir
Das wirkliche Glück, wonach Dir stets dürste
Kommt oft in Gestalt der Schlichtheit daher

So, wie die Blume nur wenige erblicken
Weil sie so klein und einfach da steht
Wirst Du Dich einst mit einer Frau erquicken
Deren wahre Werte nur Dein Auge sieht

Drum meide die Orte der falschen Fröhlichkeit
Beende die Jagd nach irdischem Gut
Besinne Dich auf natürliche Schönheit
Schöpfe aus ihr die Kraft und den Mut

## Trauer und Wut

Ich will Dich haben, mit aller Macht
So sprach die Maid, mit Schönheit Pracht
Doch bald schien sie der Spruch gereut
Der Freier sich zu früh gefreut
Er glaubte sich schon fast am Ziel
Wollte nicht glauben, das üble Spiel
Nun liegt er ziemlich krank am Boden
Spinnt Reime für sie, will immer noch loben
Erkennt im Wahn die Wahrheit nicht
Sieht immer nur noch ihr Gesicht
Kann nicht mehr essen, nicht mehr schlafen
Wollte doch zu ihr in den Ehehafen
Die Liebe hat ihn fest in Krallen
Die Trunksucht läßt ihn nur noch lallen
Der Teufel klopft oft bei ihm an
Die Seele will er haben, vom liebeskranken Mann
Das Herz ist schwer, die Tränen fließen
Wie konnte sie nur sich ihm verschließen
Er schenkte doch alles, sogar sein Leben
Mit Freude möchte er es geben
**Was nützt das Schwören in lauer Nacht**
**Wenn bei Tageslicht die Lüge lacht**
**Das Beste wäre vor Schmerz zu vergehen**
**Denn keine Freude mehr kann ich sehen**
So spricht der arme, dumme Tor
Und nimmt sich neue Versprechungen vor
Nie mehr will er sich verlieben
Versagen sich den schlimmen Trieben
Um Weiber große Bogen machen
Mit lustigen Gesellen lachen

**Und doch, der Satan in ihm lauert**
**Er hat sich viel zu oft bedauert**
Vergnügen will er sich im Dunkeln
Mögen ehrsame Bürger auch darüber munkeln
Den Anstand schickt er ganz weit fort
Das Laster sucht er nun in jedem Ort
Und kommt die Lieblose auch zurück
Es ist vorbei, dieses war das letzte Glück
Er will nicht wieder so schlimm leiden
Drum wird er anständige Frauen meiden
Die Lust und Gier wird er nur suchen
Mit Hohn und Spott die Maid verfluchen
Die ewige Treue ihm versprochen
Und schon so bald den Schwur gebrochen
Seine letzten Tage möchte er nun in Frieden leben
Und niemandem mehr seine Liebe geben!

Trauriges Kind

Der Sturm fegt brausend über's Land
So, als wollte er zerstören
Was einst zu Deinem Herzen fand
Nie mehr wirst Du mir gehören

Eine große Liebe steht vor dem Ende, wer kann's versteh'n
Wir waren doch glücklich, jeder durfte, alle sollten es seh'n

Nun wandere ich wieder ruhelos durch die Felder
Erzähle den Bäumen und Sträuchern mein Leid
Spüre den Kummer, die Angst, ich werd älter
Nach Dir folgt kein neues Glück und Wehmut macht im Herz sich breit

Die Blätter fallen und werden zu Staub
Wie meine Bitten, mein letztes Bangen
Der andere hat Dich wieder, es deucht mir wie Raub
Du willst nicht mehr, meine Müh' vergebliches Unterfangen

Mit stierem Blick, als könnte ich die Vergangenheit halten
Les ich Deinen letzten Brief, alles ist so hoffnungslos
Du konntest Dein Versprechen nicht einlösen, Deine Seele ist gespalten
Meine Augen schau'n in's Leere, ich bin wie tot und tränenlos

Darf mich nicht mehr bei Dir melden, muß stumm sein und für immer schweigen
Könntest Du doch seh'n wie schwach und klein ich bin im Herzen
Dabei wollte ich stark sein, auch im verlieren und wahre Größe zeigen
Aber ich möchte nur noch sterben vor Kummer und den großen Schmerzen

Bist noch immer bei meinem Denken
In meinen Träumen von früh bis spät
Schaffst es alle Zeit und Weiten, meine Gefühle zu Dir zu lenken
Bis eines Tages die Hoffnung in mir vergeht!

# Unglück

Dunkel und still sind Wald und Flur
Ich suche die Wahrheit, wo find' ich sie nur

Die Sehnsucht, die Trauer steckt tief in mir drin
Liebe Seele hilf mir, sag wer ich bin

Möchte' endlich wieder lachen
Und meinen Lieben Freude machen

Will durch Wiesen und durch Felder geh'n
Wie ein Kind möcht' ich die Natur beseh'n

Keine Tränen in den Augen, keine Trauer mehr im Herzen
Möcht' den Verlust um sie auf ewiglich verschmerzen

Friede soll verjagen die dunklen Wolken
Meiner Einsamkeit soll die Erkenntnis folgen

Wut und Haß mögen bald von mir weichen
Güte und Vergebung will ich erreichen

Aus Enttäuschung soll neuer Glaube entsteh'n
Mit einer neuen Liebe möchte ich durch's Leben geh'n

Glück und Freude sollen der Grund nur sein, wenn ich trotzdem heimlich wein'
Und ich wünsch'es mir von Herzen, so soll meine Zukunft sein !

# Unsicherheit

Oftmals sinniere ich so für mich hin
Ich denke an Dich und alles macht keinen Sinn

Das Grübeln und dichten wird oft schon zur Qual
Wie aber sag ich die Liebe, ich hab keine Wahl

Die Tiefe zu Dir, wie soll ich's beschreiben
Wär ich ein Maler, so würde ich etwas Farbe verreiben

Ein Büchlein würde ich Dir machen
Auf jeder Seite schöne Sachen

Ein Pärchen ist fast immer zu sehen, liebestrunken im Reigen
Die Entwicklung einer großen Liebe, Das wollen sie Dir zeigen

Der Anfang wäre das Himmelszelt
Zwei leuchtende Sterne, mit großem Abstand hingestellt

Auf der nächsten Seite sind viele Schafe zu sehen, auf einer grünen Wiese,
vom Genuß der Blumen schon ganz trunken
Sie springen herum, freuen sich des Lebens, aber zwei davon steh'n abseits,
ganz in sich versunken

Ein paar Blätter weiter habe ich das Meer gemalt
Du siehst zwei Delphine, die sich im Wasser geaalt

Dann zeige ich Dir am Schluß ein Bild voller Farben,
froh wie die Liebe und die Sünde
Oder so kräftig und giftig wie die Versuchung der Scharlatane, die an Dir rütteln
Stark wie Winde

Eine große Höhle ist zu seh'n, außen ganz düster, schwarz und grau
Zur Mitte wird es toll und bunter, mein Magen hebt sich, mir wird ganz flau

Die Farben werden stärker und grell
Und ganz unten sind sie nur noch hell

Wenn Du nun das Büchlein schließt, so stellt sich wohl die Frage
Sag bitte, steh'n wir am Anfang oder am Ende unserer Tage?

# Verloren

Nie mehr Dich sehen, Deine Wärme spüren
Nie mehr Deine Lippen, Deinen schönen Körper berühren
Nie mehr in die Tiefe Deiner Augen schauen
Deiner Stimme zu lauschen, voller Vertrauen
Ich möchte schreien, sterben für Dich
Bist doch, warst , die Erfüllung für mich
Sehe Dich täglich in so vielen Dingen
Und doch ist es unmöglich Dich zu gewinnen
Wie unser Stern, den ich auch nicht mehr sehe
So weit bist Du fort, auch wenn ich um Dich flehe
Ich kann Dich noch riechen, Deine Haut noch schmecken
Und doch hab ich Angst, möchte mich vor der Erinnerung verstecken
Wer kann es begreifen, unsere Liebe war so groß
Ich wehre mich dagegen, aber ich komm von Dir nicht los
Immer noch denke ich gerne an unserer wunderschöne Zeit
Dich zu vergessen, bin ich noch lange nicht bereit
Hab Sehnsucht nach Dir, der Schmerz frißt mich auf
Möchte Dich holen und fliehen weit fort
vielleicht auf unseren Stern hinauf
Das Telefon klingelt, ein Zeichen von Dir
Ach nein, meine Hoffnung treibt üble Scherze mit mir
Denn Du rufst nicht an, Du kommst nicht zurück
Es ist aus und vorbei mit dem großen Glück
Aber dann gibt es Stunden, da wünschte ich mir
Der richtige Mann wäre endlich bei Dir
Ich gönn´ Dir Dein Glück, trotz meiner Schmerzen
Und das kommt wirklich aus tiefstem Herzen!

Verzweiflung

Es schneit, Kinder spielen im Schnee
Dick vermummt spüren sie keine Kälte, sie freuen sich
Du stehst abseits, Dir ist kalt Du hast Hunger

Warum

Es ist Nacht, Du fürchtest Dich
Du fliehst vor den Menschen, Du hast Angst

Warum

Die Sonne scheint, es ist kalt, aber dir ist warm
Du hast einen Menschen an Deiner Seite den Du liebst
Du bist glücklich

Du schaust in die Ferne, die Erinnerung kommt, Du weinst
Du bist wieder allein', die Frau hat Dich verlassen

Warum

Es schneit, Kinder spielen im Schnee
Sie haben keine Sorgen, sie freuen sich
Du stehst abseits, Dir ist kalt, Du hast Hunger
Du verspürst Sehnsucht, Du hast keine Arbeit

Warum?

# Wahnsinn

Wahnsinn beschleicht mich schon seit Tagen
Immer dieses Wühlen nach Klarheit, immer neue Fragen!

Einst lag ich im Bett und wollte nicht leben
Da kam eine Frau, die bereit war sich mir zu geben
Sie sah lieblich und sehr jung noch aus
Konnte aber aus ihrer Haut nicht raus
Wir saßen zusammen und spannen Pläne
Ich liebkoste sie, wühlte in ihrer Mähne
Besah ihren Körper und konnte nicht verstehen
Warum sie gefesselt, sie konnte nicht gehen
Erst später erkannte ich den wahren Grund
Sie war gebunden an einen Mann, er sah aus wie ein Hund
Er fletschte die Zähne und wollte mich beißen
Ich suchte nach Hilfe und fand ein Stück Eisen
Das nahm ich nun und schlug ihn tot
Befreit war die Maid, nun ohne Not
Sei gab sich mir hin und schien sehr herrlich
Doch im Geheimen war sie nicht ehrlich
Was sollte ich tun, ich begehrte sie doch
Da schwor ich mir alles zu vermeiden, was mich trieb in's tiefe Loch
Es folgten Tage mit Freude, sie schienen ohne Ende
Doch eines Nachts folgte die große Wende
Die Gefährten des Hundes kamen und trieben mich hinaus
Vom Tisch und Bett der schönen Maid, jagten mich aus ihrem Haus
Sie schlugen und zerstörten mich
Die Maid aber legten sie auf den Tisch
Sie machten sich über die Hilflose her
Bestraften sie fürchterlich und noch viel mehr
Ihr Jammern und Bitten, ihr ganzes Flehen
Es war sehr schrecklich anzusehen
Ich konnte nicht helfen, sah tatenlos zu dem Treiben dort
Die Unholde doch, die lachten nur und fuhren mit der Unzucht fort
Ich konnte es nicht mehr ertragen, was sie so alles mit ihr gemacht
Und bin mit Grausen aufgewacht!

# Warum?

Ich hab sehr oft in dunklen Stunden
An Dich, Du schönes Kind gedacht
Glaubte in Dir mein Glück gefunden
Hatte vergessen wie traurig verlorene Liebe macht

Ich verfluche den Mond , verwünsche die Sterne
War blind vor verlangen, gab hin mich den Trieben
Gott ist mein Zeuge,  ich hatte Dich sehr gerne
Nun bin ich allein und Du bedeckst mich mit Hieben

Ich möchte Dich hassen, weil ich so sehr leide
Wünsche Dir große Seelenpein
Doch bald die schlimmen Gedanken ich meide
Bist immer noch die Liebste mein

Versuch zu ergründen und Dich zu versteh'n
Warum Du mich wegschiebst, ganz langsam, aber für immer
Meine Sehnsucht ist groß, ich möchte Dich seh'n
Und doch hast Du recht, es würde nur schlimmer

So muß ich lassen, was kurze Zeit mir gehörte
Werde lernen müssen, Verlierer zu sein
Jene Frau, die mich doch täglich betörte
Bleibt nur in der Erinnerung mein!

# Wehklagen

Gestern war es wieder mal soweit
Panik macht im Kopf sich breit
Ein Faust, kalt und hart wie Erz
Krallt sich um mein krankes Herz
Um mich herum der Lärm der Menschen
Doch ich bin einsam und allein mit meinen Wünschen
Tränen laufen mir über das Gesicht
Ich laß es geschehen, es stört mich nicht
Wie eine Lähmung kriecht es in meine Glieder
Die Furcht vorm Alleinsein, nun kommt sie wieder
Das vergangene Jahr, es brachte mir kein Glück
Auch mein Freund, der Herbst ist stürmisch zurück
Todeswünsche, Flucht vor dem Leben
Ich sehne mich nach Liebe, wer kann sie mir geben
Hab Angst in meine leere Wohnung zu gehen
Wo nur Erinnerung und Gedanken in den Ecken stehen
Mir graut es vor der kommenden Zeit
Wenn´s kalt wird, dunkel ist und bald wieder schneit
Kein Licht wird erleuchten meinen weiteren Weg
Ich schreite durch das Leben wie auf einem schwankenden Steg
Die Gestalten um mich herum, sie stoßen und drängeln
Sie weisen mich ab, kritisieren meine Mängel
Zuviel im Leben hab ich falsch gemacht
Hab zu sehr an mich, an mein Vergnügen gedacht
Die Strafe nehme ich gerne auf mich auf und tue Buße
Aber danach sollte sich einfinden Freude und Muße
Ich könnte einem Partner so viele Erfahrungen und Geborgenheit geben
Habe vieles Schlechte, aber auch manches Gute gesehen in meinem langen Leben
Vielleicht finde ich ja doch, bevor der Tod mich bedecke
Einen Engel, der mich liebt und vor dem Elend errette!

# Weihnachten

Wieder Albträume gehabt
Wieder hat Mutter mich ohne Essen in's Bett gebracht

Der Hunger wütet immer noch in den Gedärmen
Was gibt es wohl heute, um mich zu erwärmen
Vielleicht sind ein paar Kartoffeln von den Bauern zu holen
Doch Vorsicht, sie geben nicht gerne, man muß sie verkohlen

Ganz leise steh' ich auf, mir ist so furchtbar kalt
Der Frost hat wunderschöne Blumen auf die Fenster gemalt
Auch die Wände glitzern vor Eis

Alles ist so still und friedlich, was ist nur los
Und plötzlich fällt mir ein
Ja, heute muß doch Weihnachten sein

Werde ich auch Geschenke bekommen

Eine warme Hose wünsche ich mir und ganz viel zu essen
Und vielleicht einen Kamm, meine Haare sind im Winter immer so lang
Und ein paar neue Schuhe, ich hab's dem Weihnachtsmann geschrieben

Oder wird er es wieder mal verschieben

Ich geh' in die Küche, Mama hat schon Feuer gemacht
Sie hat an uns, ihre Kinder gedacht
Es gibt warme Milch und Kartoffelscheiben
Auf der Herdplatte geröstet
Sie nimmt mich auf den Arm und hat mich getröstet

Der Nikolaus war leider nicht da, er hat sich etwas übernommen
Aber nächstes Jahr, ganz bestimmt
Dann wird er kommen.

Weihnachtsmilde

Ich geh' durch die Gassen und finde es schön
Die geschmückten Bäume und Sträucher zu seh'n

Alle Fenster sind voller Licht
Ich bin gerührt und spüre die Kälte nicht

Der Schnee fällt leise vor mich hin
Und ich grüble und frage mich, wer ich bin

Erinnerung kommt in mir hoch an Kindheit, Schmerz und Herzeleid
Und doch bin ich heute zur Vergebung bereit

Da, plötzlich seh' ich einen alten Mann
Er ist zerlumpt und sitzt auf der Bank
Ist er betrunken oder krank?

Und auf einmal wird mir klar
Mein Leben ist doch wunderbar

‚**Vergiß nun endlich Dein Jammern und Klagen**
**Beginne Dein Schicksal mit Würde zu tragen**'

So klingt es in mir und ich muß gesteh'n
Es könnte mir eigentlich viel schlechter geh'n!

# Weissagung

Haben häufig in kühlen Grunden
Gesessen und am Wein uns gelabt
Die Leidenschaft als zart empfunden
Nie geglaubt, daß uns an Liebe darbt

Viele Tage voller Wonne
Und kein Ende war in Sicht
Doch vergeht am Abend die Sonne
So auch unsere Liebe bald zerbricht

Die Briefe, einst voller Glut und Feuer
Sind nur noch Erinnerung
Aber doch kostbar, rar und teuer
So wie Du, schön, stark und jung

Voller Trauer, Leid und Schmerzen
Fassungslos und ohne Verstand
Dein Bild noch groß in meinem Herzen
Gehe ich ziellos durch's weite Land

Auf der Suche nach Erkenntnis und Frieden
Nehm' ich jeden Rat dankbar an
Doch die Frauen habe ich gemieden
Möchte oft nicht mehr sein ein Mann

Manchmal will der Schmerz mich töten
Hab auch keine Kraft zur Wehr
Verzweiflung bringt mich sehr in Nöten
Leben möchte ich gar nicht mehr

Aber so, wie der Morgen die Nacht besiegt
Wie die Sonne den Schnee zu Wasser macht
Wie der Baum sich im Wind zum Tanzen biegt
Und die Blüten sich entfalten zu großer Pracht

So werde auch ich im Herbst meines Lebens
Irgendwann die wahre Liebe seh'n
Viele Jahre suchte ich vergebens
Doch die letzte ist ewig, bleibt für immer bestehen!

## Wünsche zur Weihnachtszeit!

Es ist früh Winter geworden in diesem Jahr. Letzte Nacht hat es wieder geschneit und es ist bitter kalt. Andreas schaut aus dem Fenster, alles ist weiß. Die Bäume und Sträucher, die Häuser, alles ist wie mit Watte überzogen, schön sieht es aus! Er muß in dieser Zeit oft an seine Kindheit denken, eigentlich mag er ja den Winter- Besinnliche Stunden in der warmen Stube, in den Ofen schauen, die Flammen beobachten wie sie hin und herspringen, einfach nur träumen und etwas glücklich sein, das hätte er sich immer gewünscht-. Aber sie litten schlimme Not damals, es waren viele Kinder in der Familie, sie haben gehungert und gefroren. Und nun scheint sich das alles zu wiederholen:

Andreas ist arbeitslos, sein Betrieb- in dem er fast 30 Jahre gearbeitet hat- wurde geschlossen. Anfangs hatte er noch Hoffnung woanders unter zukommen, aber nun sind schon 2 Jahre vorüber und kein fester Job in Aussicht. Er ist zu alt und krank. „**Menschlicher Müll**" hat mal jemand zu ihm gesagt, das hat sehr wehgetan! Ab und an darf er bei Veranstaltungen für die „**Reichen** und **Schönen**" arbeiten, das ist körperlich sehr schwer, dauert oft bis weit in die Nacht und wird schlecht bezahlt. Es kostet ihn jedes Mal große Überwindung diesen Job zu verrichten, da er auch schwerbehindert ist. Nach 12- oder 15 Stunden kommt er müde und zerschlagen nach Hause und denkt nur noch an sein Bett. Oft möchte er einschlafen und nicht mehr aufwachen. Sehr einsam ist er, seit seine Frau vor ein paar Jahren gestorben ist und nun lebt er alleine.

Er hat zwar einen Freund, aber der wohnt weit weg von ihm und seine Bekannten wollen sich sein Jammern auch nicht mehr anhören. Richtig menschenscheu ist er geworden. Er sehnt sich nach einer lieben Frau, die gut zu ihm ist, aber es ist nicht leicht in seinem Alter eine Partnerin zu finden die zu ihm paßt. Vor einiger Zeit hatte er sich in eine jüngere Frau verliebt, sie machte ihm auch große Hoffnungen und beteuerte täglich ihre Liebe zu ihm. Aber letztendlich hat sie doch dem Druck ihrer Familie nachgegeben. Als **Arbeitsloser,** noch dazu **behindert** und **schon 50 Jahre** alt, da paßt man nicht mehr in die feine Gesellschaft! Und nun steht Weihnachten vor der Türe.

Andreas hat große Angst davor! Wieder wird er alleine sein, ohne Chancen auf einen festen Arbeitsplatz, es ist eine schlimme Zeit, er ist traurig und fängt an zu weinen. Die Einsamkeit ist wie ein Panzer um ihn, raubt ihm den Atem

„Ich muß raus hier, raus an die Luft, in die Natur, sonst werde ich noch verrückt". Mit diesen Gedanken im Kopf zieht er sich warm an und verläßt die Wohnung. Er wohnt am Stadtrand und schon bald ist er in den Feldern. Inzwischen ist die Sonne warm am klaren Himmel zu sehen, es würde ein schöner Tag werden.

Während er schweren Schrittes durch den Schnee stapft denkt er an seine Mutter, sie ist ein guter Mensch, er hat sie sehr lieb!

Selbstlos hat sie ihre 11 Kinder großgezogen und einen Mann ertragen müssen, der nur gesoffen und geprügelt hat und anständige Arbeit mied, wie der Teufel das Weihwasser! Sie wohnt in einem kleinen Dorf in Rheinhessen. Als er noch seine Arbeit hatte konnte er ihr finanziell helfen, aber das ist nun leider nicht mehr möglich, es belastet ihn sehr.

Auf seinem Weg durch die verschneite Natur begegnet ihm keine Menschenseele, nur ein Hase hoppelt erschrocken vor ihm davon. Auch ein paar Krähen sieht er auf den Bäumen sitzen, die armen Tiere haben auch Hunger, „so wie ich" denkt er und wieder kommt Verzweiflung in ihm hoch.

So langsam wird ihm kalt und er entschließt sich nach Hause zu gehen.

Andreas wohnt in einem sehr dörflichen Stadtteil, kleine Häuser mit Gärten und es gibt nur eine Geschäftsstraße. Durch diese geht er nun und schaut sich die Auslagen in den Schaufenstern an. „Es ist wie früher in meiner Kindheit", denkt er, auch damals konnte er die schönen Sachen nur anschauen, aber zum Kaufen hatten sie kein Geld. Inzwischen ist er vor seinem Wohnhaus angekommen, wie so oft schaut er in den Briefkasten, Post erwartet er keine, wer soll ihm schon schreiben? Aber diesmal hat ihm doch jemand geschrieben, zwei Briefe sogar!

In dem einen schreibt ihm eine Firma, daß er sich im nächsten Jahr vorstellen soll, man könnte ihm eine Stelle als Kesselwärter anbieten –den Berechtigungsschein hat er ja- Oh wie sehr freut er sich darüber, aber der nächste Brief ist noch schöner:

Vor vielen Wochen hatte er einer jungen Dame bei einer Reifenpanne geholfen, sie ließ sich damals seine Adresse geben, er hatte es schon fast vergessen. Und diese Frau bedankte sich nun nochmals ganz herzlich und lud ihn Weihnachten zum Essen ein.

Wer kann ermessen wie warm ihm auf einmal um's Herz wurde, die Tränen der Freude liefen ihm über das Gesicht, Dankbarkeit kam in ihm hoch, man hatte ihn noch nicht ganz vergessen. Es gab doch noch Menschen für die er wichtig war. Auf einmal sah die Zukunft wieder schöner aus, er würde Weihnachten nicht alleine sein und vielleicht bekam er ja den Job im neuen Jahr.

Zum ersten Mal nach langer Zeit faltete er seine Hände und dankte dem Allmächtigen, der seine Bittrufe erhört hatte.

Mit guten Gedanken und Freude auf die nächsten Tage legte er sich in sein Bett und bald schlief er erschöpft vom langen Wandern tief und fest ein!

Zerstörung:

Liebe, Lust und Leidenschaft
Was habt ihr nur mit mir gemacht

Des Nachts kann ich kaum richtig ruh'n
Muß in Gedanken schlimme, sündige Sachen tun

Ich bin in meiner Gier
Fast schlimmer als ein Tier

Der Alkohol hat mich voll im Griff, ich will so sein, ich wehr' mich nicht

Die Sucht treibt mich zu Dir
Meine Träume dreh'n sich nur um Dich, schöne Frau
Dein Körper ruft nach mir

Dein Geruch macht mich irre, Dein Gang macht mich verrückt
Ich will auch gar nicht mehr zurück

Ich brauche den Schmerz, das unendliche Verlangen
Leben und sterben, erwachen, alles von beginnen

Weinen, Trauer, Wut, oft denke ich es tut mir gut
Aber um Schluß zu machen, dazu fehlt der Mut

Ein neuer Tag, ein neues Glück, ich schieb die Vergangenheit weit nach hinten
Ich muß mich endlich selber finden

**Droge Weib**

Ich seh'n mich nach Liebe, nach Wärme ohne Sünde
Glück ohne Reue, Geliebte ohne Ehemann
Aber ich weiß doch, daß ich das niemals haben kann

Und deshalb muß ich mich bescheiden
Sonst bin ich eines Tages der Dumme

## Zorn

In trauriger Runde, vor Wut fast besoffen
Hör' ich armen Menschen zu
Und ich bin schon sehr betroffen
Wenn ich sie so leiden seh'

Ohne Arbeit, ohne Geld
Ach, wie schlimm ist diese Welt

Und wie immer möchte ich wünschen, daß ein Wunder wird gescheh'n

Daß ich reich und mächtig wäre
Um zu helfen jedermann
Denn was nützt die größte Ehre
Wenn man sich nichts kaufen kann

Aber, wie so oft im Leben
Treten die Mächtigen auch jetzt daneben

Was kümmert sie der kleine Knecht
Sie sind die Herren, sie haben Recht

**Du magst oft jammern und auch fluchen**
**In unser'n Kreisen hast Du nichts zu suchen**

So reden sie, die feinen Leute
Und streicheln die Taschen mit der Beute

Die wir, die Prolls erwirtschaftet haben
Nur wenig bleibt für uns zum laben

Nur weil wir arm sind, müssen wir leiden
Ohne Arbeit, wenig freiden

Und die Moral von der Geschicht'
Hilfst Du Dir nicht selbst, so hilft auch kein Gericht!